국자로 긁다

오창래 : 1955년 제주 우도 출생, 2016년 〈시조시학〉 신인상 당선,
정드리문학회 회원
E-mail: sonang1574@hanmail.net

다층현대시조시인선 005
국자로 긁다

발행일 2020년 4월 30일
지은이 오창래
펴낸이 김동진
펴낸곳 도서출판 다층
등록번호 제27호
주소 (63211)제주특별자치도 제주시 오복5길 10, 1층
전화 (064)757-2265/FAX(064)725-2265
E-mail dc2121@empas.com

ISBN 978-89-5744-096-4 03810

값 10,000원

* 이 도서는 문화체육관광부, Jeju 제주특별자치도, JFAC 제주문화예술재단 의 지원금을 받았습니다.

다층현대시조시인선 005

오창래 시집

국자로 긁다

다층

* 페이지 시작과 끝부분에 〉표시는 연을 구분하는 표시입니다.

시인의 말

이 시집은

내 고향 우도에 바치는 연가입니다.

그때, 그 웃음들

너무 보고 싶습니다.

2020 봄날에
오창래

차례

5__시인의 말

제1부 떠도는 항구

11__떠도는 항구
12__국자로 긁다
13__새싹
14__여름과 가을 사이
15__뒤집고
16__어느 매장
17__너
18__이슬
19__생각
20__겨울 바다
21__구좌 토기 섬
22__파도 소리

제2부

25__일출봉
26__갯강구
27__우도 낚시
28__섬 벌초
29__우도 일출
30__파도를 타며
31__벌초를 하며
32__우도, 저 섬에서
33__우도에 던지다
34__돌고래 떼
35__한 마리 우도의 새
36__우도에 가면

제3부

39__공젱이
40__시냐
41__날래(소곰)
42__ᄎᆞᄉᆞᆼ돌
43__ᄂᆞᆷ은 ᄀᆞᆯ앙 웃ᄀᆞᆨ
44__소섬[牛島]에서
46__기영ᄃᆞ ᄀᆞ를 말이
47__우영팟
48__쉰다리
49__돌암져

제4부

53__어느 시인
54__신촌에서
55__어느 시인 생각
56__다랑쉬오름에 서다
57__고사리
58__오름
59__따라비오름에서
60__비자림에서
61__벌초 무렵
62__설룬 몽생이
63__오름에서
64__한 세상 왔던 흔적

제5부

67__추억 반환
68__분당군산집
69__싸락눈
70__휫거리
71__텃밭에서
72__개복숭아나무
73__고구마
74__어떤 화장
75__들고양이
76__흰 개똥 물
77__겨울을 보내며
78__공양
79__당신 등 뒤에 북두칠성

해설

95__당신 등 뒤에 북두칠성 | 강영란

제1부 떠도는 항구

떠도는 항구

바람길 바닷길도 위의威儀를 갖췄다면
이 지상이 왜 울랴 갈매기가 왜 울랴
닻줄을 놓친 바다에 팽목항이 떠돕니다

국자로 긁다

홀아방 삶이란 게 다 그런 것 아닐까
옷장에 모기장도 내팽개친 가을 저녁
첫 시집 준비하는데 등어리가 가렵다

내 성질에 저걸 그냥 가만히 둘 수 있나
어둠 다 내리지 않은 누군가 그리운 시간
국자로 등을 긁는다 툭툭 등을 때린다

가만히 내버릴 걸 그냥 그대로 잠잘걸
기어코 또 한 생명 피를 보고 말았구나
국자의 손잡이 끝에 북두칠성 피어난다

새싹

빈 밥통 꺼내 들고 쌀을 몇 번 씻습니다

밀물과 썰물 사이 물 높이를 맞춥니다

홀아방, 거친 손등으로 새순 돋아 오릅니다

여름과 가을 사이

한여름 폭염에도 내 가슴은 시립니다
어디로 갈까, 어디로 갈까 주춤대는 모자반처럼
오늘은 나의 빈자리 온전히 내줍니다

온종일 멈칫멈칫 밤에는 뒤척뒤척
아쉬움 긁적이며 별똥별로 나앉은 밤
먹먹한 수평선으로 미련 한 줄 띄웁니다

터 잡은 먼바다엔 늘어선 집어등 행렬
어쩌면 새로 건립된 또 다른 도시만 같아
귀뚜리 울음 하나가 전세 든 밤입니다

뒤집고

무얼 뒤집는다는 건 당연 힘든 것일 게다
축구 경기 배구 경기 야구나 탁구 모두
어쩌면 학교 성적까지 어려운 일일 것이거늘

그치만 나 혼자는 간단히 뒤집혔다
유년 시절 엊그젠데 강물은 저리 흘러
마지막 당도한 곳엔 그리움으로 떠 있고

유수처럼 가는 세월 붙잡지 못한 탓일까
저녁에 귀가한 후 윗도리 바꿔 입는 동안
눈동자 노을에 덮여 뒤집어 입고 폼 잡던 밤

이처럼 내 인생은 거꾸로 가고 있으니
태양도 서산에서 되돌아 뜰지 몰라
낼 새벽 일출을 보러 서산마루 찾을 거다

어느 매장

그때 그 적토마도 이쯤에서 멈췄을까
읍참마속 다 못하여 누군들 기다릴 때
경음악 호소음 되어 물건 팔고 있었다

반찬 코너 그 앞에 멈춰 서성이듯 훑어본다
맛보고 싶은 마음이야 다 말해서 무엇하리
내 진정 사고 싶은 건 그 사람 마음이었다

돌아서 가다 말고 그곳을 또 멈칫 본다
내 마음 알았을까 시식 제공 서비스에
간장을 찍어보면서 삼키는 건 또 다른 마음

애교 섞인 그 음성에 이곳엘 들린 거다
이 봄에 터트리는 햇살처럼 목련처럼
올 때는 그냥 가지 말라며 커피 한잔 건네준다

너

차라리 들녘이다 한낮의 텅 빈 목장
거품 물고 질의하던 무소속의 저 파도만
의사당 밀치고 나와 바위 앞에서 숨 고른다

그리움은 할 말 잃고 서 있는 듯 보는 눈길
구닥다리 세탁기가 발동선 흉내 낼 때
내 가슴 풍랑 주의보 언제쯤 해제될까

이슬

가는 세월 오는 세월 한곳에 모여 있다
아득한 기억들을 무이자로 끌고 와서
초원을 거닐며 가듯 하나둘 진열한다

나도 후생에선 잔디로 나고 싶다
들녘 저편으로 조랑말도 앉혀놓고
흑염소, 그 울음 물고 반짝이는 목마름

생각

티브이도 켜지 않고 혼자 앉아 있습니다
스마트 폰 다 꺼놓고 홀로 앉아 있습니다
바람결
목소리 하나
오래 와서 머뭅니다

차 소리인지 파도 소린지 지워지는 그대 생각
사람아, 그렇게 가을밤이 깊어지면
멍하니
섬이나 되어
그대 곁을 떠돕니다

겨울 바다

겨울 방파제는 4월의 꿩 소리 같다
하얗게 밀려왔다 푸드득 날개 치는
포구에 갇힌 젊음이 떠날 줄을 모른다

혹한에도 그대는 섬처럼 펼친 가슴
누구를 찾으려고 이 들녘을 방황하나
이대로 파도 속에서 동사해도 나는 좋다

눈 위에 직인 찍어 무얼 담보하려는가
아무것도 가진 게 없어 바다는 비었는데
한사코 다그치느냐 꿩 소리로 우는 거냐

구좌 토기 섬

구좌, 하도 바다엔 토끼가 앉아 있다

육지로도 못 오고 먼바다로도 못 나가는

누군가 그리운 날엔 문주란꽃이 핍니다

파도 소리

시도 때도 없이 전화 음성 다녀간다
그 전선 한 줄기로 건강 검진받으랄 때
앞마당 비자나무도 위경련을 일으킨다

달빛도 멸치 떼로 파닥이는 마당 가를
어머니 그 절규가 파도처럼 달려들면
그 시절 헤엄쳐 갔다 못 올 뻔한 저 우도

저 섬에 다녀올 때 등에 걸린 아버지 소리
종달리 노점에선 엑스레이 찍는 건지
한 세월 말리던 오징어 그 인연도 사고 간다

제2부

일출봉

네가 거기 없었다면
어디서 해가 뜨랴
네가 거기 없었다면
내 가슴 어찌 환하랴
새벽녘 발동선 하나
무얼 싣고 올 뻔했나

일출봉 쑥부쟁이 밀어 올린 꽃대 하나
첫눈의 여운으로 피워올린 그리움 하나
아버지 금빛 바다를 이랑이랑 갈고 있네

갯강구

서빈백사西濱百沙 돌하르방은 바람에도 금이 간다
코도 왕방울 눈도 성한데 하나 없이
갯바위 하얀 펜션을 저 혼자 지키고 있다

시멘트 방파제엔 그림자 하나 지나듯
한 무리 갯강구가 생각 없이 지나간다
간밤엔 수런거리며 밀어 올린 수박 하나

바닷바람 매서운 건 섬에 살면 알게 된다
어쩌면 할퀸 흔적일까 내 사랑 새긴 듯이
어디서 날아든 물새 울음 몇 점 놓고 간다

우도 낚시

내 고향 우도 바다가 끝내 토라졌나 보다
아버지 보고프면 우도봉 찾았지만
그 봉분 이장한 뒤로 저리 섭섭한가 보다

서빈백사 갯바위에 낚싯대로 나 앉으면
하곳길 책가방들이 허공에 떠다닌다
저마다 입질을 하듯 하얀 웃음 물고 간다

저 섬과 성산항 사이 바다도 배고프다
주화 한 닢 주워들고 점방으로 달려가던
그때 그, 유년의 눈빛 오늘 더 반짝인다

섬 벌초

내 고향 우도에는 벌초 때만 찾아간다
섬 자락 타고 오른 우도봉 맞은편엔
아버지, 섬을 지키는 그 모습이 더 푸르다

등대는 백 년짼데 고작 60년 내 아버지
어촌계장 수협장 농협장 명예지서장
장이란 장은 다 하시고 껌뻑이는 저 등대

우도 일출

누가 새벽마다 스위치를 올리는가
우도를 떠나와서 일출봉에 다시 서면
어머니 앞 물질 가시려 부엌 불 켜시는가

어릴 적엔 붉은 해가 바다에서만 떴는데
슬레이트 지붕 위에 중년의 해가 뜬다
승선권 만지작대다 놓쳐버린 성산항

만선의 깃발처럼 물 건너온 육지 발길들
태 사른 그 옛집은 무사한지 모르겠다
검멀레 날아간 살점 민박들로 채워졌다

파도를 타며

파도 타듯 세월도 넘실넘실 탈 수 있을까
우도 방파제 끝에 유년처럼 다시 서니
고적함 모르는 아이가 등 허물을 벗는다

정작 떠 흐르는 건 우도가 아니었다
바람결에 파도에 고향을 등져 나온
구릿빛 사내 하나가 풍경처럼 서 있다

섬에도 사랑은 있어 고향 같은 사랑은 있어
갯쑥부쟁이 다닥다닥 붙어 있는 바닷길
섬 머리 숨비소리로 고백하는 사랑이거든

도항선 10분 거리 주간명월에 떠돈다
걸려든 문어 한 마리 내뿜는 먹빛 하늘
하루쯤 비 오는 날은 파도에 묶여본다

벌초를 하며

일 년에 한 번쯤은 고향 우도 찾아간다
도항선 프로펠러 예초기인 듯 풀을 베며
섬 머리 그곳까지도 잔디처럼 깎아갈 때,

우도 등대 앞엔 누가 다녀간 것일까
절반쯤 벌초하다 남겨진 봉분 하나
아버지 묘비명 위로 갈매기 똥 널려 있다

우도, 저 섬에서

외상값 갚으려고 주간명월 찾았다
이제껏 반평생을 무이자로 살아온 양심
원전에 반만이라도 갚으려고 건너온 길

나를 낳고 키워준 건 저 섬 등대 무적소리다
어쩌다 물 밖에 살던 어머니와 인연되어
이제 와 흰머리 날리며 등대 앞에 섰을까

"부모님 크신 은혜 어찌 다 해 갚을끼고"
생전에 원했던 손자 안겨 드리지 못한 불효
아버지, 그때 하신 말씀 서리처럼 맺혀있다

섬 머리 그 오름은 공동묘지로 변해 있는
동굴 맞은편 산자락엔 눈에 익은 묘비명 하나
조용히 무릎 꿇고서 대출금 이자 따라 드린다

우도에 던지다

우도는 내 고향 떠나온 길 놓쳐버렸다
3.8킬로 바닷길엔 발동선 소리만 남고
봄 저녁 너울 바다엔 유채꽃이 피어난다

우도봉 남서 쪽 흘러내린 무덤들 사이
귀뚜리 울음 적신 낯익은 이름 하나
한잔 술 남은 눈물도 바다에 던져 본다

돌고래 떼

비바람도 눈물도 못 지운 세월이 있다
우도에서 눈 시리게 써 놓은 일기장 한 권
일렬로 일어설 듯이 피칭하며 가는 바다

나는 먼바다 대신 식산봉을 바라봤다
방파제 끝에 홀로 선 채 떠올리는 상념들아
이제는 너희들 다시 거기서 볼 수 있을까

테왁처럼 떠도는 게 나에겐 고향이었다
섬 하나 사람 하나 끌고 가는 저 수평선
어디로 향할 것인가 가슴 한켠 돌고래 떼

한 마리 우도의 새

단애를 더듬듯이 힘겹게 파닥이는
저 새는 우째 그리 멈칫멈칫하는 걸까
가엾다, 절벽 밑에선 출렁이는 파도 소리

두 날개로 가솔린 엔진 장착한 듯 날아보렴
아무래도 위급한 순간 포기할 것만 같아
저 섬은 땀 흘리면서 바동대는 오후의 한때

이제금 회복된 걸까 한두 번 파닥이다가
힘겨워 추락할 듯 톡톡 튀어 보다가
끝내는 너의 절개로 정상 탈환하다가

엄지를 치켜들며 축배하는 무적 하나
안개 틈을 더듬다가 바다 위를 떠 흐를 때
먼바다 뱃고동 소리 여기 혼듸 달려든다

우도에 가면

소처럼 누운 우도 되새김질하는 바다
그 점방 만호 하르방 외상값 다 못 갚고
유학을 간다는 핑계로 탈출하듯 떠나왔다

성산포 일출봉은 내 이력을 안다는 듯
뱃길로 15분 거리 파르르 떨며 갈 때
그 자리 멈춰선 채로 시치미를 뚝 떼고

나도 짐짓 이쪽에선 관광 온 손님처럼
물 건너온 발길들과 우도봉엘 올라서니
아버지 산소마저도 작은 오름 돼 있었다

주간명월 서빈백사 그 하르방 그 목소리
불러보면 파도 소리 그 누가 빼어 갔는지
섬 머리 고래 콧구멍 크게 한 번 울고 간다

제3부

공젱이

ᄒᆞᆷ새ᄒᆞ듯 앙작ᄒᆞ멍 ᄀᆞ슬내낭 울어봐도
그 눈물 다까주는 궨당ᄒᆞ나 어듸 엇ᄀᆞᆨ
오널은 이 ᄆᆞ심 ᄆᆞᆫ딱 적질만큼 ᄒᆞᆫ쉬럽다

※ 표준어 번역

귀뚜라미

엄살하듯 앙탈하며 가을 내내 울어봐도
그 눈물 닦아주는 친척 하나 어디 없고
오늘은 이 마음 전부 젖을 만큼 한스럽다

시냐

ᄇᆞ름불멍 험벅눈 오는 어느 날 낮이랏주
목도리로 양지 다 감싼 멧헤마니 ᄎᆞᆽ아온 집
이시냐, 문 두드리는 소리 요 예펜네랑 ᄒᆞ영

통쉐로 이 대문은 안 종간 싯주마는
우상ᄒᆞ게 그적 어선 ᄉᆞ뭇 궁금ᄒᆞ던 그 메
확 ᄒᆞ게 동겨 안으멍 느도 할망 되엄구나

※ 표준어 번역

있냐

바람불며 함박눈 오는 어느 날 낮이었지
목도리로 얼굴 다 감싸 몇 해 많이 찾아온 집
있느냐. 문 노크하는 소리 이 여인네랑 하고는

자물쇠로 이 대문은 안 잠가 있지마는
이상하게 기척 없어 사뭇 궁금하던 그 때
확 끌어 당겨 안으며 너도 할머니 되는구나

날레(소곰)

아척 햇살 떠 비치는 마당가 혼 펜으로
헤남석에 널어둔 게 ᄆᆞᆰ은 웃음 피엄구나
ᄀᆞ마니 바레어 ᄇᆞ난 멍석우휜 소곰이

그 조끄띠 콩 두어뒛박 ᄒᆞᆫ디 널어두었주마는
낮좀을 잠신디사 아모 그적 어신디도
느만은 미리네로 와 펠롱이듯 ᄒᆞ멍 가고

아칙인 멀정ᄒᆞᆫ 날, 낮후젠 검은 구름
ᄃᆞ려든 쒜나기 내련 아이ᄀᆞ 어떵ᄒᆞ민 조코
아ᄆᆞ도 엇인 집이선 소곰 다 녹아부렴져

※ 표준어 번역

날레(소금)

아침 햇살 떠 비치는 마당 가 한편으로
양지바른 곳에 널어둔 게 맑은 웃음 피고 있다
가만히 바라다보니 멍석 위엔 소금이

그 옆에 콩 두어 됫박 함께 널어두었지만
낮잠을 자고 있는지 아무 기척 없는데도
너만은 은하수로 와 반짝이듯 하며 가고

아침엔 맑았는데 낮후엔 검은 구름
달려든 소나기 내려 아이고 어쩌면 좋을까
아무도 없는 집에선 소금 다 녹아버린다

*날레: 곡식 등을 말리거나 쐬기 위해 멍석에 널어두는 것

ᄎᆞᄉᆞᆼᄃᆞᆯ

사름도 늙어가민 ᄉᆞᆯ도 외방 가는 ᄀᆞ라
누긔가 왕 으씩 해ᄉᆞᆼᄀᆞ ᄇᆞ름ᄃᆞᆯ 솔토막이
경헤도 나 생각 해연 ᄒᆞᆺᄊᆞᆯ 냉견 놔둬ᄉᆞᆼ게

더움은 무사 경 흠광 집박긔 나완 시난
우리집 강셍이 ᄒᆞᆫ디 나 ᄀᆞ추룩 햄ᄉᆞᆼ고라
와들랑 주꺼대멍 헐 땐 ᄃᆞᆮ는 건 저 ᄀᆞ넹이

게나 제나 오널 밤을 어떵 보낼 것산디
구들 안엔 ᄂᆞ시 더원 이영 나완 싯주마는
마당에 멍석 ᄁᆞᆯ아보멍 요레라도 자사키여

※ 표준어 번역

초승달

사람도 늙어가면 살도 외출하는 건가
누가 와서 훔쳤는지 보름달같이 통통한 살
그래도 나 생각했는지 조금 남겨 두었구나

더움은 어찌 그리 더운지 집 밖에 나와 있으니
우리 집 강아지 함께 나와 같이 하는 건지
무섭게 짖어대며 할 땐 달리는 건 저 고양이

아무래도 오늘 밤을 어찌 보낼 수 있을지
방안엔 너무 더워 이렇게 나와 있지마는
마당에 멍석 깔아보며 여기라도 자야겠다

ᄂᆞᆷ은 ᄀᆞᆯ앙 웃ᄀᆞᆨ

아멩이나 먹엉 살젠 기여든 장터에서
ᄒᆞ떡이영 사먹으멍 집더레 오단 ᄇᆞ난
우리 개 웨울르는 소리 올레꺼지 들리던 날

ᄒᆞᆯ아방 살레 조끄띠선 널어놓은 듬북ᄀᆞ치
경ᄒᆞ여도 굶진 말젠 ᄃᆞᆨ곡석 먹는 소리
구들엔 ᄎᆞᆯ레 보시 ᄒᆞ나 ᄂᆞᆯ개 파닥거려 가고

ᄂᆞᆷ덜은 ᄀᆞᆮ기 좋덴 믜시거옌 ᄒᆞ염주마는
아척부터 조물도록 ᄒᆞ는 ᄁᆞᆯ ᄆᆞ음에 안 들언
우영팟 이슬 ᄒᆞᆫ방울 저영 중은 거렴수다

※ 표준어 번역

남은 말하며 웃고

아무렇게나 먹어 살려고 숨어든 장터에서
호떡이랑 사 먹으면서 집으로 오다 보니
우리 개 짖어대는 소리 올레까지 들리던 날

홀애비 씽크대 곁에선 널어놓은 해초같이
그래도 굶진 않으려 닭 모이 쪼는 소리
방안엔 젓갈 접시 하나 날개 파닥거려 가고

남들은 말하기 좋다 해 뭐라고 하고 있지만
아침부터 저물도록 하는 모양 맘에 안들어
텃밭에 이슬 한 방울 저리 중얼거립니다

소섬[牛島]에서

두루애기 저 설룬 애기 장통알서 눈밸르멍
바당 넘어 심돌러레 ᄉᆞ뭇 불왕 ᄉᆞᆯ필 때에
저것이 구르마로구나 오름더레 ᄃᆞ는 거 ᄇᆞ난

물막은 섬 지들커 어성 쉰다리도 굶어난 섬
그 팔월, ᄄᆞᆷ 눈더레 들멍 애몰람 시카부덴
어딜루, 아이스크림 장신 못 오걸랑 말주 마는

치학이 아방 돛배 탕덜 지미봉더레 ᄃᆞᆯ을 때민
그 풍선 엎어 짐직이 날 겁주던 저 바당도
시방엔 올레 어귀에 뫼ᄀᆞ추룩 박혀십주

그 엿날 그 싀월에 정지서덜 토다 아장
쉰다리 먹던 그 맛으로 피어나던 굴목 연기
홀아방, 주리벵도 안해영 무사 끄성 왐싱구

※ 표준어 번역

소섬[牛島]에서

어린아이 저 설룬 아이 연못 동산서 눈 크게 떠
바다 넘어 시흥리 쪽으로 사뭇 부러워 살필 때에
저것이 자동차로구나 오름 쪽으로 달리는 걸 보니

외톨이 섬 땔감이 없어 끼니도 굶었던 섬
그 8월 땀 눈으로 들며 애타는 줄 알았는지
어디로, 아이스크림 장사 못 오거든 말지마는

치학이 부친 풍선 타고 종달항으로 달리다 보면
그 돛배 침몰할 듯이 나를 겁준 저 바다도
지금은 마당 어귀에 뫼같이 박혀 있습니다

그 옛날 그 세월에 부엌에서 함께 앉아
식혜 음식 그 맛으로 피어나던 굴뚝 연기
홀애비 잊히지도 않고 어째 끌고 오는가

기영ᄃᆞ ᄀᆞ를 말이

오널은 윈 죙일을 ᄀᆞ슬비 내려수다
저 공젱인 ᄒᆞᆫ듸들엉 무사 웨염싱ᄀᆞ마씸
나 뺄리 곧구정 ᄒᆞᆫ말 ᄒᆞ끔 싯당 ᄀᆞᆯ으쿠다

비 와노난 예점 박긔 나가지도 못햄십주
어둑은디 나강 볼일 그것 박긔 더 이수꽈
이 밤사 ᄎᆞᆽ아올 예펜 실지도 모를 건듸

기영도 ᄀᆞ를 말이 가심 ᄀᆞ득 싯주마는
누게가 왕 그 ᄉᆞ실을 다 들어 줄 것 산듸
ᄄᆞ시금 올레 ᄒᆞᆫ펜더레 주우룻이 ᄉᆞᆯ펴봠십주

※ 표준어 번역

그렇게도 할 말이

오늘은 하루 종일 가을비가 내렸습니다
저 귀뚜린 함께 나서 어찌 떠들고 있습니까
나 빨리 하고 싶은 말 조금 후 말하겠습니다

비가 와서 잠깐밖에 나가지도 못합니다
어두운데 나가서 볼일 그것밖에 더 있습니까
이 밤엔 찾아올 여인 있을지도 모를 건데,

그렇게도 하고픈 말 가슴 가득 있지마는
누가 와서 그 사실을 모두 들어 줄 것인지
다시금 마당 어귀 한편을 혹시나 해 바라봅니다

우영팟
— 오갈피나무

가실 열매로 알안 ᄂᆞᆯ아든 저 셍이는
오갈피 낭에 아잔 와리멍 조사 대다가
자르르 흘치는 노을 우영밧디 널멍 감세

아멩ᄒᆞ여도 이 ᄀᆞ슬엔 ᄒᆞᆺ쏠 졸라베사키여
누게가 왕 빌어가젠 ᄒᆞ는 사름 어디 엇ᄀᆞ
ᄒᆞᆯ아방 ᄒᆞᆫ차 다 쓰질 못ᄒᆞ연 안될로고

ᄀᆞ슬들엉 졸랑 몰령 창궤에 놓민 뭘 헐게라
ᄒᆞᆫ번이나 ᄀᆞ넹이 오당 발이나 콕 찔를티사
일 엇이 궁리만 ᄒᆞ멍 신경 바짝 써 졈싱걸

※ 표준어 번역

텃밭 – 오갈피나무

가시를 열매로 알아 날아든 저 참새는
오갈피나무에 앉고 서둘러 쪼아대다가
주르륵 흘리는 피 텃밭으로 널며 간다

아무래도 이 가을엔 조금 잘라야 할 것 같다
누가 와서 얻어가려 하는 사람 어디 없고
홀애비 혼자 다 쓰질 못해서 안 되겠군

가을 들어 잘라 말려 창고에 놓으면 뭐할 건가
한 번이나 고양이 오다 발이나 콕 찌를 건지
일없이 궁리만 하며 신경 너무 쓰고 있다

쉰다리

나 두릴 때 기영ᄒᆞ난 에ᄉᆞᆯᄀᆞᆸ설 때라십주
웃집이서 튀어나왕 알녁집더레 ᄃᆞ던 생각
쉰다리 먹구정 ᄒᆞ민 들러퀴멍 가나십주

정지서덜 먹어가민 조끄띠 토다안장
당원 놩 꿰운 쉰다리 시큼ᄒᆞᆫ맛 너믜 좋아
나 요듸 꼭 ᄒᆞᆫ듸들엉 허천둥이 ᄀᆞ치 먹ᄀᆞᆨ

문듸린 그 싀월을 어딜강 ᄎᆞ아질 것 산듸
ᄂᆞᆷ도 경ᄒᆞ멍 컷주마는 두린 시절 생각 날 땐
섬머리 무적소리도 ᄉᆞ뭇 설왕 ᄒᆞᆸ네다

※ 표준어 번역

쉰다리*

나 어릴 때 그러니까 여섯, 일곱 살 때였습니다
윗집에서 뛰쳐나와 아랫집으로 달리던 생각
쉰다리 먹고 싶으면 뜀박질하며 갔습니다

부엌에서 먹어가면 그 곁에 같이 앉고
당원 놓고 끓인 식혜 시큼한 맛 너무 좋아
나 여기 꼭 함께 들어 새침한 듯 그리 먹고

잃어버린 그 세월을 어디 가서 찾을 건지
남도 그렇게 큰 것처럼 어린 시절 생각날 땐
섬 머리 무적 소리도 사뭇 서러워합니다

* 쉰다리: 밥으로 식혜처럼 만든 음식
* 당원(糖原): 포도당에 사카린을 첨가해 만든 인공 감미료

돌암저

쉐ᄆᆞ추룩 들어눈 섬 기영ᄒᆞ난 소섬牛島입주
종달광 심돌러레 ᄉᆞ뭇 불왕 잘 베리젠
반착문 우티 올라산 발들르멍 ᄉᆞᆯ펴나십주

몰구르마 ᄒᆞ나 엇인 그 섬에서 크단 ᄇᆞ난
불곽 닮은 저 채가 ᄃᆞᆯ리는게 조미 좋안
어듸구, 차는 지나가베사 백근이도 ᄋᆞᆸ데다

더 두릴 땐 아방네영 흔듸들언 성안 갔단
차 탕 올 때 ᄃᆞᆯ아맸던 방듸홀 채 이서십주
아고개, 내려사 튼내젼 을큰ᄒᆞ던 생각 남수다

※ 표준어 번역

달린다

소처럼 드러눈 섬 그러니까 우도죠
종달과 시흥리로 사뭇 부러워 잘 살피려
반쪽 문 위에 올라서 발 들며 보았습니다

말수레 하나 없는 그 섬에서 크다 보니
성냥 닮은 저 차가 달리는 게 신기하여
어디냐, 차는 지나버려야 백근이도 오더이다

더 어릴 땐 아버지네와 제주시에 함께 갔다
버스로 올 때 달아맸던 장난감 차 있었습니다
아이고, 내려야 떠올라 섭섭한 생각납니다

제4부

어느 시인

옛날 애인 만나듯 툭하면 오름이다

오름 갔다 올 때는 언제나 저 혼자다

자동차 바퀴에 걸린 송당 들녘 저 고사리

신촌에서

백 년쯤 된 감나무로 홍시가 탐스럽다
집보다 먼저 태어나 시인들을 기다렸을까
어쩌면 새들 먹이로 남겨진 그리움 하나

"무당벌레"와 함께 웃다 어느 시집 출판 기념회
밤바다 집어등처럼 와자지껄 참석했다
앞마당 장미꽃들이 메시지를 보내 올 때,

마당으로 들어서면 반기는 老 시인처럼
네 칸짜리 집안에선 춘란, 한란 다 뽐내고
늦가을 현관 앞에는 시를 쓰듯 놓인 신발

어느 시인 생각

티브이는 어느 지역 홍수 소식 전하는데
저 텃밭은 장마 대신 속수무책 가뭄이다
몇 년째 문안 못 드린 어느 분의 부음도 왔다

폭염 속 홍시 열매 잘 커가고 있는 여름
유물처럼 그 묘목을 내게 주신 그 시인은
이 순간 어느 하늘에 반짝이고 있을까

신촌 댁 찾은 그 해 시보다 시조 쓰라고
충고 아닌 덕담을 나에게 건넨 시인
끝내는 등단 소식을 이제야 전해본다

다랑쉬오름에 서다

유년의 우도에선 제주 섬만 바라봤네
내 집에서 바라보면 그중에 우뚝한 오름
오늘은 거기에 왔네 다랑쉬에 내가 왔네

용눈이오름 두산봉 지미봉을 넘어서
올레길도 가로질러 도항선을 타야 하네
갈대도 동행하겠네 뱃전에 부서지겠네

그것은 느낌표였네 우도봉 흘러내린
고향은 어디로 가고 아버진 어딜 가셨는지
올해는 못 볼 것 같네 해고의 진눈깨비

고사리

5월 들녘에선 아버지 생각이 난다
다랑쉬오름 자락에 고사리 찾아가면
오름은 안개 속으로 함몰하는 그리움

오름

휴일이면 어김없이 오름을 찾아간다
오라 하지 않았는데 그냥 찾는 내 발길
조랑말 저도 나처럼 허락 없이 왔으리

말똥 하나 풀 하나 밟는 것도 송구하다
어느 분재원보다 잘 가꿔진 비탈길 솔밭
나는 또 누구의 손에 다듬어지고 있을까

능선과 능선이 만나 활처럼 휘어지고
천 년의 화살처럼 쏘아낸 저 수평선
사는 일 헛길일 바엔 들녘 하나 지고 갈까

오름은 텃밭이다 하늘이 짓는 텃밭이다
가을 끝물 물고 있는 애기물매화 노란 꽃잎
오늘은 조부 제삿날, 오시는 길 물어본다

따라비오름에서

초여름 따라비오름엔 바람도 파도 같다
가시리, 가시리 마을 또 겨울이 왔는지
연이은 비닐하우스 쌓이다가 반짝이다가

반짝임 정상에서 다시 피는 삘기 꽃
일곱 개의 화구마다 능선 타고 내려오면
따뜻한 돌무덤 하나 흰빛으로 흐른다

비자림에서

초여름 풋열매는 어머니 젖꼭지 같다
아무도 안 보는 틈에 슬쩍 입에 깨물고는
다시금 아이 손으로 만져보는 저 하늘

벌초 무렵

누가 고봉밥을 이 들녘에 엎어놓았나
황급히 내 누이가 차려놓은 밥상일까
우도봉 나의 아버지 헛기침을 하십니다

늦여름 오름 자락은 단풍 든 숲입니다
밀짚모자 눌러쓰고 예초기 등에 맨 체
윙하며 스쳐 간 자리 목 메인 이름입니다

벌초를 다 끝내고 차려진 제사상 하나
일렬횡대로 서 있는 자손들의 숙연함에
하르방, 기척이듯이 꿩이 울며 갑니다

설룬 몽생이

마을 저편 산마장엔 그리움이 떠돕니다

태풍을 예감하고 모두 피신했는지

저 혼자 환장한 듯이 휘둘러대는 몽둥이

오름에서

이 여름
다랑쉬오름엔
화재 발생한 것일까
그 정상 분화구엔 연기처럼 피어올라
비디오 촬영 못 한 게 불꽃처럼 아쉽던 날

아침 햇살
떠 비칠 때
탈출하려 했던 겔까
119 부르려 해도 배터리는 혼수상태
몇 분 후 옷깃 더듬으며 멀어지는 저 운무

길 건너
아끈다랑쉬는
외출준비하고 있다
이젠 하산하면서 헛기침 한 번 할 때
저 멀리 지미봉에선 손짓하는 파도 소리

한 세상 왔던 흔적

할머니 버선발에 붙은 건 다람쥐까
어귀 담 움츠린 밤 그 잠 다 못 이룬 밤
충혈된 고래 콧구멍 바늘로 펄럭인다

헛간에선 장닭이 초침처럼 뛰쳐나와
새벽하늘 향하여 서너 번 발돋움하면
두 다린 허공을 날아 태양을 물어오고

할머니는 꿩엿들을 들녘에서 사오는 거다
달처럼 떠오른 세월 초등학교 입학한 해
외조모 생각나 간 걸까 입맛 다시며 간 것일까

이 아침 제트기로 쏟아낸 허공 중엔
한 세상 왔던 흔적 경계선을 긋는 걸까
이제는 게거품으로 보글보글 뜨는 오름

제5부

추억 반환

나무도 겨울이면 사표 쓰고 싶을 게다
태풍에 훑고 간 마을 어귀 멀구슬나무
몇 알의 쥐었던 열매도 잎도 다 보내던 날

한가위 보름달이 허우적이며 찾아오면
대여섯 살 그쯤에서 놓쳐버린 신발 한 짝
오늘은 우리 집까지 와 돌려주고 가는 바다

분당군산집

알우목개 방파제엔 아귀찜 냄새 난다
낚싯대 들고선 소년 식당 운영중이라고
아직도 방파제 넘어 푸들락대는 우도 바다

앞만 보고 가지 말고 가끔은 뒤를 보라
성남시 한 모퉁이 언제 마련했는지
드넓은 분당 군산집 내 동생이 거기 산다

누군가 그리운 날엔 그 식당을 찾아간다
파도가 넘실대는 저편 기억 남겨 둔 채
분당의 군산집에선 아귀찜이 익고 있다

싸락눈

마우스를 굴리다가 내 양심을 클릭합니다
엠알아이 영상으로 각인된 글자 하나
그립다 그 한마디에 쇠똥 냄새 납니다

파도마저 숨 고르며 갯바위로 밀려오는
오일시장 한켠에서 흥정거리 떠밀립니다
홀아방, 나는 홀아방 할 일이 없는 저녁

돼지고기 반근 쯤 손으로 뜯은 풋고추
뚜껑 없는 양은 냄비 시 한 줄을 끓일 때
싸락눈 살곰 왔다가 그냥 물러섭니다

횟거리

화선지 앞에 나 앉은 중삼이 형 붓글씨처럼
내갈긴 그 흔적이 펄펄 살아 파닥인다
그 누가 들고 왔기에 저리 둔 채 갔을까

어쩌리 둘이 먹다 하나 죽어도 모른다는
그 말이 아쉽도록 다들 어딜 간 것일까
나 홀로 맛보려는데 다가앉는 풀잎 이슬

텃밭에서

매달 25일이면 금융기관 기웃거리는
허리 휜 조각달이 텃밭으로 나 앉아서
고구마 줄기를 들고 이랑으로 심던 그 날

하필이면 올해 따라 더 심한 가뭄 탓에
갈증을 견디다 못해 자결하는 무리를 본다
네 이미 고사枯死했지만 물 주기는 계속되고

무심히 떠난 줄 알고 새잎 다시 심으려니
파도 속 허연 줄기 포말 일으키고 있다
끈질긴 네 생명력에 탄성 다시 지르며

지난해 같았으면 울안의 열매들로
이 여름 부채 들고 입맛 다시고 있을 것을
야속타, 오늘에서야 쏟아지는 장맛비

개복숭아나무

예닐곱 평 텃밭에서 홀로 자란 이름 하나
화장실 앞편으로 그 모습 다 뽐내다가
어머님 가시는 날에 붉게 비친 열매들이여

검둥이, 한여름엔 그늘로 더 좋았는데
땡볕으로 나가려다 음지 찾던 마이 프렌드
견변犬便에 질식사했을까 네 넋 다 가출할 줄이야

어쩌면 나마저도 정녕 이별일 줄 몰라
마땅히 메 둘 곳 없어 널 기둥 삼은 탓에
네 이미 고사枯死한 줄 모른 개 그늘 찾으려다가

폭염에 타던 가슴 혓줄기 다 내민 채로
네 곁에서 외면하던 홍시나무 가지 밑을
오롯이 숨어들고는 갈증 식히고 있었다

고구마

텃밭으로 나앉아서 고구마 캐던 주말
홀로 앉은 오리걸음 힘겹게 보였는지
앞 편엔 지네 한 마리 일꾼처럼 나앉았다

올해 따라 네 외모가 영 딴판이라서
과연 이걸 드시라고 어찌 내밀 것인가
나 홀로 수돗가에서 씻어보는 어떤 마음

지난해엔 큼직하고 탐스럽던 붉은 네가
표피만 안 다를 뿐 우 째 저리 못생겼을까
그래도 삶아낸 맛은 변함없어 다행이다

셋째 수까지 쓰고 어딜 갔다 오는 길에
밭일하는 아낙네께 그 이유를 물었더니
굼벵이, 고 녀석이 다 작품 망가뜨렸단다

어떤 화장

손으로 톡톡 치다가 립스틱을 바르다가
달리는 버스에 앉아 마스카라 걷어 올리는
옆 좌석 그 여인의 미모 마냥 힐끔거립니다

종착역이 다가서자 날름대던 혓바닥이
거울을 꺼내든 그 가슴은 오름이다가
하르방 서운케시리 안 좌석에서 나옵니다

앞뒤를 훑어보다가 폰 시계를 보다가
어디론가 통화중 영감 안색 꾸겨질 때
결국엔 만나려는 애인 그 부친과 동석한 걸

설레임에 떨고 있던 그녀 아직 모르는 중
정류장에 내릴 때에 영감님도 함께 내려
아이쿠, 내 살다 보니 자식 마중 다 받습니다

들고양이

뭔 팔자에 이 세상을 떠돌아다니는지
이 집 저 집 기웃대며 눈치 보는 토정비결
길가에 월동무처럼 웅크리고 있었다

밤이면 영락없이 네 본색 드러낸다
문둥이에게 잡혀간 어느 아기 입소문처럼
그 울음 어찌 들으랴 밤이 혼자 떨고 있다

몇 움큼의 달빛이 지상에 고요할 때
저 발톱 표독스레 허공 긁어 대는 건
인간이 되고 싶다며 떼쓰는 건 아닐까

흰 개똥 물

한 보름 불면으로 아파보면 알 것이다
개 똥물을 된장국처럼 후룩후룩 들이키는
어머니, 솔잎을 띄워 끓여주시던 개 똥물

사고 현장 그 지점은 사악한 길이었다
몇 사람의 목숨들이 노을을 뿌리며 갈 때
나마저 죽음의 문턱 넘나들다 왔었다

일주도로 내달리다 가드레일 받는 순간
벌레 하나 붙어 있듯 남겨진 그 인연에
어쩌면 맘 상한 가슴 불꽃으로 피었으리

십이월을 제대로 마무리 못 한 내가
기축년 새해부터 솔잎으로 떨던 가슴
몸부림 그 현장에는 달빛만 떠서 돈다

겨울을 보내며

이월 꽃샘추위 매화인들 별수 있나
일도 못 나가고 답답한 마당가에
마음은 가만히 있지 못한다 작별한다 이 겨울

두릅, 너는 결국 사투리가 아니었다
혹한을 더듬던 네게 꿩 한 마리 날아들어
그 향기 쪼아 먹다가 붉은 피를 토한다

복합비료 몇 줌 뿌리고 돌아온 저녁의 한때
봄은 아직 멀었다고 저무는 저 봉우리
떨어진 꽃잎 밟으며 걸어오는 홍시의 시간

공양

우 째, 그런 일이 내 집 앞서 생긴 걸까
빗방울 내 던지는 시위대의 말발굽 소리
늦봄에 찾아온 무리 텃밭으로 옮겨간다

일삼아 심은 것도 뿌린 것도 아니지만
80평 텃밭으로 숨어드는 저 연출들
수줍음 저녁놀로도 가리지를 못한다

내 삶의 가뭄의 밭에 소리 없이 내려앉아
그 누가 딸기 몇 알 공양하고 갔을까
그리움 다독이면서 익어가는 그해 여름

| 해설 |

당신 등 뒤에 북두칠성

강영란(시인)

아주 잠깐 〈모리의 정원〉이라는 영화 광고를 읽던 중이었다. 별 내용도 없는 얘기이다. 사마귀, 새, 고양이 물고기의 일상과 이를 지켜보는 90대 노인의 이야기. 30년 동안 한 번도 정원 밖으로 나가 보지 않았다는 노인, 정원에서 시간을 보내는 것만으로도 30년이라는 세월이 턱없이 부족했다는 노인의 이야기이다.

무언가에서 조금 떨어져서 사는 사람들, 그로 인해 나 자신을 온전히 살아내는 사람들, 공감해. 충분히. 끄덕끄덕. 그러다가 책들 사이 삐죽한 오창래 시인의 원고를 들여다본다. 며칠 동안 머리맡에 둔 탓에 온갖 종류의 바다 비린내가 찐득거렸다.

어느 날에 바다는 물속 깊이까지 빛이 가 닿았고 어느 날에 바다는 태풍 전야의 어두움이고 어느 날은 꽃송이나 물고 있는 바다 이야기. 색깔이 다르고 냄새가 다르고 급기야 사람이 달라지게 되는 풍경의 이야기가

시집 한 권을 채우고 있다.

섬이라는 결핍과 고립이 시인의 시를 탄생시켰다고 하지만 오히려 결핍이 주는 서정이 시의 행간마다 농밀하다.

바다를 떠나 본 적 없는 시인, 그러다가 바다를 읽을 줄 알게 된 시인이 바다의 정원을 펼쳐 놓는다. 그런 바다를 배경으로 시인은 사람과 사람 사이의 관계를 끊임없이 끄집어낸다.

시집을 곱씹어 읽을수록 바다에서 사람이 보인다. 오창래 시인의 특성 가운데 하나는 섬에서 뭍으로 삶의 공간이 이동되어도 섬을 벗어나지 못한다는 것이다.

몸은 뭍에 있고 정신은 섬에 있는 상태에서 서로가 주는 대립으로 갈등을 겪을 만도 하지만, 그 갈등 상황 안에 드러내놓고 독자를 끌고 다니지 않는다. 한 곳에 정주하지 못하는, 아니 완벽하게 바다에, 섬에 정주하고자 하는 시인이 지향하는 세계에 집중하는 분투가 감동으로 다가온다.

그럼에도 독자는 시인의 고군분투를 제대로 느낄 수 없다. 시를 읽으면서 전혀 피곤하지 않다. 시인이 독자에게 보내는 배려이고 예의이다. 혼자 비바람치는 물너울을 감내할지라도 독자들에게는 편안한 바다를 선물한다.

작품 안에 골라 적어 놓은 언어의 온도가 그렇다. 언어의 결이 그렇다. 가까운 거리에서 대상을 향해 눈길을 주면서 기억을 끄집어내고 어쩌다 여기까지 오게 된 내가 어쩌다 거기까지 온 당신에게 가만히 내 등을 보여준다.

"등"이 담아내는 많은 표정들. 우도의 등, 아버지의 등, 바닷일 나가는 어머니의 등 소년에서 청년이 되고 혼자 살아가는 고단하고 쓸쓸한 혹은 젊을 때의 못 갚은 빚을 지금도 매일 가슴으로 갚고 있는 한 남자의 가려운 등이 국자로 긁히다 그 국자가 별자리가 되어 버리는 이야기.

시인의 작품은 자리젓 같은 구수함이 있는 것도 아니고 몸국 한 사발 같은 질박함이 있는 것도 아니다. 폭풍우나 단애의 절규가 있는 것도 아니다. 오히려 간장 한 숟갈 비벼 먹어야 하듯 간단하고 심심하다. 그럼에도 파문이 인다.

담백함이 주는 감동을 잊은 지 오래인데 시인이 보내는 그리움에 나도 모르게 조금씩 빨려 들어간다. 정직해서 그렇다.

보통의 작품들에게서 받는 낯선 것을 참아 내야하고 너무 예리한 작품들이 주는 자괴감이나 주눅이 없다. 이해도 못 할 작품 앞에서 이해 한 척 고개 끄덕이지 않아서 좋다.

시조라는 정형 안에서도 사유와 감각이 비교적 자유롭다. 좋은 시조란 형식이 작품을 억압하지 말아야 한다.

시인은 슬쩍 고통에서 벗어나 있고 외로움에서 벗어나 있다. 그건 자기 안으로 천천히 파고들 줄 아는 고수나 하는 일이다.

올 테면 와라, 기꺼이 놀아주리라는 마음가짐이 있어야 가능한 행위다. 이제 시인이 드러낸, 자기 세계 자기의 정원을 들여다보자.

혹시 아는가, 정원 바닥에 왼쪽 뺨을 밀착하고 모리가 30여 년간 들여다보며 "요즘 들어 알게 된 사실입니다만 개미들은 왼쪽 두 번째 다리부터 움직이네요". 했듯이.

시인의 시를 따라가며 "일출봉에 해가 뜨는 이유는 네가 거기 있어서"라는 걸(「일출봉」) 파랗게 바다만 보다가 알게 된 시인의 눈으로 들어보게 될는지….

1. 나와 타인의 바다

흔히 시집의 맨 앞에는 가장 핵심적인 작품을 넣게 마련이다. 시인은 그 핵심 안에 「떠도는 항구」라는 작품을 넣었다

> 바람 길 바닷길도 위의威儀를 갖췄다면
> 이 지상이 왜 울랴 갈매기가 왜 울랴
> 닻줄을 놓친 바다에 팽목항이 떠돕니다.
> —「떠도는 바다」 전문

시인에게 바다는 나만의 바다가 아니다. 너의 바다이기도 하고 우리의 바다이기도 하다 그러니 바람에게 바다에게 위의를 갖춰 달라고 한다.

위의威儀는 '위엄이 있고 엄숙한 태도나 차림새' 혹은

'예법에 맞는 몸가짐'을 의미한다. 바람과 바닷길이 잃은 위의로 인해 지상과 갈매기마저 울어대는 현실에 대한 안타까움이다.

우주의 중심 같은 사람들의 꽃 같은 생명이 잠들어 있다. 떠도는 팽목항의 넋들이 더 이상 지치지 않았으면 좋겠다. 잊어서는 안 되는 일들이 자꾸 잊히는 시대이다.

시인은 이 작품을 맨 앞에 두고 고수레하고 바다에 절하고 있다. 외롭고 쓸쓸하고 상처 입고 고통스러운 타자들의 아픔을 치유하기 위해 말없이 젖은 눈으로 '지곡止哭하길 바라는지도 모른다. 시인이 보내는 따뜻한 위로 한 편을 여기 놓아둔다.

비바람도 눈물도 못 지운 세월이 있다
우도에서 눈 시리게 써 놓은 일기장 한 권
일렬로 일어설 듯이 피칭하며 가는 바다

나는 먼 바다 대신 식산봉을 바라봤다
방파제 끝에 홀로 선 채 떠올리는 상념들아
이제는 너희들 다시 거기서 볼 수 있을까

테왁처럼 떠도는 게 나에겐 고향이었다
섬 하나 사람 하나 끌고 가는 저 수평선
어디로 향할 것인가 가슴 한켠 돌고래 떼
—「돌고래 떼」 전문

끊임없이 뭍의 소식이 들려오는 현실에도 시인이 사는 곳은 "테왁처럼" 출렁이는 섬이라는 공간이다. 뭍과 섬 사이를 돌고래들이 유영하고 있다. 떠나고자 해도 떠날 수 없는 섬 속의 섬에서 써 내려간 일기장엔 어떤 사연이 씌어 있을까, 궁금해진다.

2. 외상값 갚는 바다

시인은 반성적인 고백을 세상에 끄집어낸다. 사람과 사람 사이 신뢰를 바탕으로 생긴 외상값을 차마 갚지 못하고 야반도주하듯 뭍에 와서 이자는 고사하고 원전에 반만이라도 갚아 보려고 '그때의 당신에게 쓰는' 반성문 같은 시.

인제 와서 그까짓 외상값이 뭐라고 그까짓 게 무슨 큰 죄라고 말하지 않으면 아무도 모르는 것을, 그날 외상값의 증인이듯 일렁이는 바다 앞에서 고백한다.

외상값 갚으려고 주간명월 찾았다
이제껏 반평생을 무이자로 살아온 양심
원전에 반만이라도 갚으려고 건너온 길

나를 낳고 키워준 건 저 섬 등대 무적소리다
어쩌다 물 밖에 살던 어머니와 인연되어
이제와 흰머리 날리며 등대 앞에 섰을까

"부모님 크신 은혜 어찌 다 해 갚을 끼고"
생전에 원했던 손자 안겨 드리지 못한 불효
아버지, 그때 하신 말씀 서리처럼 맺혀있다

섬 머리 그 오름은 공동묘지로 변해 있는
동굴 맞은편 산자락엔 눈에 익은 묘비명 하나

조용히 무릎 꿇고서 대출금 이자 따라 드린다
—「우도, 저 섬에서」 전문

'외상값' 혹은 '빚'이라기에 난 또 엄청난 부채를 지고 야반도주한 얘기인 줄 알았다. 시인을 낳고 기른 고향 산천과 자신을 둘러싼 모든 환경에 대한 부채 의식. 사람이라면 당연히 느끼게 되는 부모에게 진 마음의 빚이 있다면 여기 동네 삼촌에게 진 빚도 있다.

소처럼 누운 우도 되새김질하는 바다
그 점방 만호 하르방 외상값 다 못 갚고
유학을 간다는 핑계로 탈출하듯 떠나 왔다

성산포 일출봉은 내 이력을 안다는 듯
뱃길로 15분 거리 파르르 떨며 갈 때
그 자리 멈춰선 채로 시치미를 뚝 떼고

나도 짐짓 이쯤에선 관광 온 손님처럼
물 건너온 발길들과 우도봉엘 올라서니
아버지 산소마저도 작은 오름 돼 있었다

주간명월 서빈백사 그 하르방 그 목소리
불러보면 파도 소리 그 누가 빼어 갔는지
섬 머리 고래 콧구멍 크게 한 번 울고 간다
—「우도에 가면」 전문

그날 그 점방 만호 하르방에게 진 외상값은 이제 저승에서나 갚아야 할 듯하다. 외상값을 진 마음이 너무 무거워 뱃길로 15분 거리를 떨며 가고 우도에 갈 때마다 슬쩍 만호 하르방 점방을 보고 시치미 뗀 채 관광객

들 틈에 묻어 우도봉에 살짝 올라갔다 왔으리라. 누가 뭐라 하는 사람도 없지만, 시인의 마음이 편안하지가 않다 외상값이라고 해봐야 얼마 되지도 않을 터. 그걸 갚지 못하고 있는 시인의 마음이 작품을 읽는 내내 안쓰럽게 다가온다.

시인의 외상값은 금전적인 것뿐만이 아니다. 시인에게는 하루 일상 살아내는 것이 다 외상값이다. 아니 외상값을 갚는 일이다.

3부에 따로 모다 놓은 제주 사투리는 시조 형식을 갖췄음에도 어색한 곳이 없다. 제주 사람이라면 누구나 유채꽃 피는 봄날 해바라기 하는 동네 할망 옆에 앉아 한 번쯤 들어 봤음직 헌 얘기들이 쏟아진다. 그중에서도 「우영팟」은 시인의 일생에 빚을 갚는 "하루를 살아내기" 일상이 잘 나타나 있다.

가실 욜메ᄅᆞ 알안 놀아든 저 셍이는
오갈피 낭에 아잔 와리멍 조사 대다가
자르르 흘치는 노을 우영밧듸 널멍 감세

아멩헤도 이 ᄀᆞ슬엔 ᄒᆞᆺ쏠 졸라베사키여
누긔가 왕 빌어가젠 ᄒᆞ는 사름 어듸 엇ᄀᆞ
홀아방 ᄒᆞᆫ차 다 쓰질 못ᄒᆞ연 안될로ᄀᆞ

ᄀᆞ슬들엉 졸랑 ᄆᆞᆯ령 창궤에 놓민 뭘 홀거라
ᄒᆞᆫ번이나 ᄀᆞ넹이 오당 발이나 콕 찔를티사
일 엇이 궁리만 ᄒᆞ멍 신경 ᄇᆞ짝 써졈싱걸
—「우영팟」 전문

텃밭에 심어놓은 오갈피나무는 가을이 들어 열매를

맺고 있다. 하지만 그 누구도 그 열매를 달라는 사람이 없다. 기껏 새 한 마리가 날아와 앉아 열매를 따 먹다가 사라질 뿐이다. 그러니 나무의 효용은 다한 셈이다.

약재로 쓰이기도 하지만, 잘라 말려 보관해 두어도 줄 사람 없어 창고만 채울 뿐이라면, 차라리 고양이들 가시에 발이나 박히지 않게 잘라버리자고 맘을 먹는다.

더불어 살아가려는 시인의 모습이 눈에 선하다. 시인이 이렇게 열심히 살고 있으니 이자는 못 갚아도 원전에 반은 갚지 않았을까 싶다. ᄀ넹아 조심 허라 가시낭에 발 콕 찔른다. 경허민 시인이 가슴 아팡 안된다 이.

3. 혼자 사는 외톨이 바다

시인은 이제 막 홀아비의 삶을 시작했다. 홀아비가 제일 먼저 하는 일은 밥 짓는 일. 누군가 해 주고 두런두런 같이 앉아 먹던 밥에서 내가 해 먹어야 하는 밥 짓기의 시작을 「새싹」이라 제목을 달아 놨다.

"홀아방 거친 손등으로 새순 돋아 오릅니다" 이제 막 홀아방으로 서의 삶이 시작되었으니 "밀물과 썰물 물 높이를 맞춰야" 하리라.

어느 매장 반찬 코너 앞에서도 애교 섞인 음성을 보내는 사람이 주는 커피 한잔에도 그리움을 읽을 줄 알게 되었다. 새싹이 새순이 되고 실팍한 줄기가 되어 간다.

이렇듯 사람과 사람 사이의 관계가 확장되어서 사람

과 자연과의 관계는 어떻게 나타나는가. 4부에서는 뭍에 나와 살면서 고향 우도를 그리워하는 마음들이 총총하다.

초여름 따라비오름은 바람도 파도 같다(「따라비오름에서」), 능선과 능선이 만나 활처럼 휘어지고 /천년의 화살처럼 쏘아낸 저 수평선/(「오름」), 그것은 느낌표였네 우도봉 흘러내린/ 고향은 어디로 가고 아버진 어딜 가셨는지/올해는 못 볼 것 같네 해고의 진눈깨비(「다랑쉬오름에 서다」)

이 여름
다랑쉬오름엔
화재 발생한 것일까
그 정상 분화구엔 연기처럼 피어올라
비디오 촬영 못 한 게 불꽃처럼 아쉽던 날

아침 햇살
떠 비칠 때
탈출하려 했던 겔까
119 부르려 해도 배터리는 혼수상태
몇 분 후 옷깃 더듬으며 멀어지는 저 운무

길 건너
아끈다랑쉬는
외출준비 하고 있다
이젠 하산하면서 헛기침 한 번 할 때
저 멀리 지미봉에선 손짓하는 파도 소리
—「오름에서」 전문

오름에서도 오직 한 곳만 바라보는 시인의 속내가 울

컥 다가든다.

4. 혼자 듣는 바다의 울음

이 시집을 읽다 보면 군데군데 보이지 않는 속 울음이 느껴진다. 못다 한 효에 대한 속죄의 울음, 사랑의 실패로 인한 후회의 눈물, 자연에서 듣는 울음마저 공명을 자아낸다. 울음소리를 들으면서도 마음 한 편이 놓인다. 실컷 울고 나면 눈이 밝아지는 느낌처럼 시인의 시를 읽고 나면 느닷없이 배가 고파지면서 든든히 살아보고 싶어진다.

그러니 시인이 우는 울음은 세상을 향한 무기이다. 창과 방패이다. 온전하게 시인 자신의 울음이지만 돌아서 보면 사람의 생이라는 것이 어찌 이 만큼 울지 않고 건널 수 있겠는가.

가난하고 소외당하고 사회적으로 약자인 사람들을 보듬고 끌어안으니 슬픔이, 분노가 슬며시 소멸이 되면서 덧없어진다.

> 파도 타듯 세월도 넘실넘실 탈 수 있을까
> 우도 방파제 끝에 유년처럼 다시 서니
> 고적함 모르는 아이가 등 허물을 벗는다
>
> 정작 떠 흐르는 건 우도가 아니었다
> 바람결에 파도에 고향을 등져 나온
> 구릿빛 사내 하나가 풍경처럼 서 있다

섬에도 사랑은 있어 고향 같은 사랑은 있어
갯쑥부쟁이 다닥다닥 붙어 있는 바닷길
섬 머리 숨비소리로 고백하는 사랑이거든

도항선 10분 거리 주간명월에 떠돈다
걸려든 문어 한 마리 내뿜는 먹빛 하늘
하루 쯤 비 오는 날은 파도에 묶여 본다
—「파도를 타며」 전문

시인이 이 출렁한 울음을 어디까지 끌어안을 수 있는지, 어디에서 멈출 수 있는지 도대체 멈추기는 할 건지 독자로서 생기는 궁금증과 기대가 생긴다.

우도봉 남서쪽 흘러내린 무덤들 사이
귀뚜리 울음 적신 낯익은 이름 하나
한잔 술 남은 눈물도 바다에 던져본다
—「우도에 던지다」에서

밤이면 영락없이 네 본색 드러낸다
문둥이에게 잡혀간 어느 아기 입소문처럼
그 울음 어찌 들으랴 밤이 혼자 떨고 있다
—「들고양이」에서

흠세ᄒᆞ듯 앙작ᄒᆞ멍 ᄀᆞ슬내낭 울어봐ᄃᆞ
그 눈물 다까주는 궨당ᄒᆞ나 어디 엇ᄏᆞ
오널은 이 모심 ᄆᆞᆫ딱 적질만큼 ᄒᆞᆫᄉᆡ럽다
—「공젱이」 전문

얼핏 몇 편만 살펴봐도 시인의 여린 마음이 보이는 듯하다. 그럼에도 한편으로 다행이다 싶은 것은 시인이 혼자 바다의 울음을 들을지라도 혼자 울지는 않는다는 것이다.

귀뚜리가 울어주고 들고양이가 울어주고 눈물 닦아 주는 친척이 주변에 없을지라도 누군가 울지 말라고 귀뚜라미마저도 말을 걸어 주지 않는가. 시인이건 독자건 이 한 세상 그런 따스한 마음 나눔으로 살아도 좋겠다

5. 우도와 일출봉 그 사이

우도와 일출봉 그 지척의 거리의 관계는 제주라는 섬 속에서도 또 다른 섬과 육지의 관계이다.

> 네가 거기 없었다면
> 어디서 해가 뜨랴
> 네가 거기 없었다면
> 내 가슴 어찌 환하랴
> 새벽녘 발동선 하나
> 무얼 싣고 올 뻔 했나
>
> 일출봉 쑥부쟁이 밀어올린 꽃대 하나
> 첫눈의 여운으로 피워올린 그리움 하나
> 아버지 금빛 바다를 이랑이랑 갈고 있네
> —「일출봉」 전문

뭐라 더 보탤 말이 없다 이 시집에서 내가 가장 좋아하는 시이다. 일출봉에 해가 왜 뜨는지 해가 뜨면 내 가슴은 왜 이리 환하고 좋았었는지 그 이유를 이 시

한 편이 다 말해 준다.

나에게서 떠오른 너는 세상 하나밖에 없는 해였다. 시인은 그 해에게 쑥부쟁이꽃 하나를 준다. 시집을 다 뒤져봐도 달랑 다섯 송이 핀 꽃 구좌 토끼섬에 피는 문주란 하나와 애기물매화와 유채꽃 매화꽃 그중에서도 시인은 쑥부쟁이를 일출봉 작품 안에 넣었다. 연보라로 하늘거리는 쑥부쟁이 아무렴 너에게 주는 일생일대 단 한 송이 꽃이라면 쑥부쟁이가 제격이겠다.

일출봉에 그 꽃을 피웠으니 시들어도 어여쁜 꽃 추억도 어여쁘겠다. 일출봉이 그렇다면 우도에서 보는 일출은 또 다른 묘미가 있다.

누가 새벽마다 스위치를 올리는가
우도를 떠나와서 일출봉에 다시 서면
어머니 앞 물질 가시려 부엌 불 켜시는가

어릴 적엔 붉은 해가 바다에서만 떴는데
슬레이트 지붕위에 중년의 해가 뜬다
승선권 만지작대다 놓쳐버린 성산 항

만선의 깃발처럼 물 건너온 육지 발길들
태 사른 그 옛집은 무사한지 모르겠다
검멀레 날아간 살점 민박들로 채워졌다
—「우도 일출」 전문

물론 이 작품도 오창래 시인의 만만하지 않은 시력詩歷을 읽을 수 있다. 그의 작품 세계를 구구절절 말할 필요가 없다. 「일출봉」과 「우도 일출」을 읽을 때면 시인이 그저 쉽게 쉽게 시를 쓰는 것처럼 보여도 이 두 작품 앞에서는 감탄사와 함께 눈이 시원해진다.

시인이 드디어 창랑滄浪을 읽어내는구나 싶다. 왜 그런가. 나는 앞 물질 나가는 어머니가 돌고래처럼 우도 일출을 끌고 오는 듯싶다.

우도 일출을 보면서 자란 시인이 뭍에서 가장 걱정하는 것도 태 사른 옛집, 그 옛집에서 바라보던 우도 일출이 아니겠는가

6. 다시 일어서는 바다

그러나 시인은 다시 일어선다. 걱정과 회한을 뒤로하면서도 웃으면서 일어선다. 삶의 힘겨움이 결국은 한 편의 익살이나 웃음이 아니겠나 하는 마음이다. 시집 안에 편 편 나누어진 5부는 전체적으로 시인이 지치지 않고 삶을 끌어안으며 확인하고 수긍하고 인정하는 모습들로 채워졌다. 슬픔을 껴안은 해학과 일상에 소소한 재미가 넘치는 역동적인 삶이라고 해야 할까.

누가 잡아다 놓아두고 간 물고기 앞에서 화선지 앞에나 앉은 중삼이 형 붓글씨처럼 살아 파닥인다는 물고기나(「횟거리」) 어머님 가시는 날에 붉게 비친 열매들이 견변犬便에 질식사 했을꺼라는 짐작이나(「개복숭아나무」) 흰 개똥 물을 후룩후룩 들이키고 서라도 불면을 이겨 보고 싶은 마음이 적나라하다. 특히나 어떤 화장 앞에서는 나도 모르게 웃음이 확 터진다.

손으로 톡톡 치다가 립스틱을 바르다가
달리는 버스에 앉아 마스카라 걷어 올리는
옆 좌석 그 여인의 미모 마냥 힐끔거립니다

종착역이 다가서자 날름대던 혓바닥이
거울을 꺼내든 그 가슴은 오름이다가
하르방 서운케시리 안 좌석에서 나옵니다

앞뒤를 훑어보다가 폰 시계를 보다가
어디론가 통화중 영감 안색 꾸겨질 때
결국엔 만나려는 애인 그 부친과 동석한 걸

설레임에 떨고 있던 그녀 아직 모르는 중
정류장에 내릴 때에 영감님도 함께 내려
아이쿠, 내 살다 보니 자식 마중 다 받습니다
—「어떤 화장」 전문

나도 모르게 슬금슬금 웃다가 흠! 그래서 어찌 됐을까 결말이 궁금해진다. 푸른 바다를 배경으로 웨딩사진 찍었겠지 싶다.

홀아방이면 어떻고 부모님께 손자를 안겨 드리지 못한 불효자면 또 어떤가 이 집 저 집 기웃대며 눈치 보는 들고양이이면 또 어떤가. 삶이 이렇게 건강하면 된 것을.

어떤 글 속 풍경은 너무나 다정해서 그대로 해 보고 싶어진다. 누군가 국자로 등을 긁고 있다면 가서 가려운 곳을 손톱으로 콕콕 눌러 주시라 혈자리 같이, 별자리같이 등 뒤에 북두칠성 그려 넣어 주시라.